Aus der Luft wird deutlich, wie sehr die Pinakothek der Moderne auf die bestehende Museumslandschaft hin orientiert ist.

Auf dem Gelände der ehemaligen Türkenkaserne, in unmittelbarer Nachbarschaft der bekannten Gemäldesammlungen von Alter und Neuer Pinakothek, wuchsen Sichtbetonfassaden, und Kräne kreisten über der Großbaustelle. Das riesige Areal im Herzen der Stadt hatte der Münchner Architekt Stephan Braunfels geschickt genutzt, um einen Baukörper zu entwickeln, der nicht nur den Raum füllte, sondern Beziehungen eröffnete zwischen allen drei Pinakotheken und der Altstadt. Seine eigentlichen Qualitäten aber entfaltet das Haus im Inneren, wo es auf Schritt und Tritt neue Raumfolgen öffnet und in seinem Zentrum selbst zu einer großen Lichtskulptur wird, während es in den Ausstellungssälen formal zurücktritt und Platz macht für die Kunst.

Blick auf die Rotunde und den nördlichen Eingang mit seinem prominenten Flugdach.

Die nunmehr dritte Pinakothek wartet mit einem Novum auf. Sie vereint vier selbstständige Ausstellungsinstitute unter einem Dach: die Staatsgalerie Moderner Kunst, die Neue Sammlung, das Architekturmuseum der TU München sowie die Staatliche Graphische Sammlung. Alle Kollektionen in einem Haus zu verbinden, war eine der Aufgaben des Architekten Stephan Braunfels. Die andere, nicht minder anspruchsvolle, bestand darin, eine städtebauliche Antwort auf die heterogene Umgebung zu formulieren. Schließlich handelt es sich nicht um irgendein Grundstück inmitten von München, sondern um eine prominente Lage in unmittelbarer Nachbarschaft zu Klenzes Alter Pinakothek. Und auch wenn das Haus bislang nur in seinem ersten Bauabschnitt steht rundet der Neubau schon jetzt das Ensemble der Pinakothek zur Museumsseite ab.

Dynamik der Diagonale

Die Besucher empfängt ein streng komponiertes Gebäude, das sich trotz seines immensen Raumprogramms zunächst zurücknimmt. Gegenüber von Klenzes Alter Pinakothek hat ihr modernes Pendant ein schlichtes Gewand angelegt – Glas und Stahl, verwoben zu Fensterquadraten in einer Hülle aus Sichtbeton. Und doch täuscht der Eindruck. Die Nordwestfassade schießt geradewegs in den Münchner Himmel. Und ein Reigen schlanker Säulen trägt das dramatische Flugdach, das weit aus dem Bau herausragt, Richtung Alte Pinakothek, geradewegs auf den ehemaligen Haupteingang an der Barer Straße (Bild S. 5). Der Fingerzeig auf die Historie scheint programmatisch. Hier will jemand anknüpfen an die Tradition, hat sich umgetan und das Feld genau studiert, um schließlich seine Summe des Bautyps zu präsentieren. Als eigenständiges Bauwerk, nicht als postmoderne Zitatcollage. Denn überlange Säulen schmückten bereits Axel Schultes' Bonner Kunstmuseum, dessen Impulse Braunfels aufnimmt. Auch in München wachsen nun Säulen geradewegs aus dem Boden. In frech aus der Reihe tanzenden Rhythmen leiten sie zum zurückversetzten Eingang an der Nordseite. Hier endet die große Diagonale, die dynamisch den gesamten Bau durchzieht. Mit ihr hatte Braunfels unter 167 Wettbewerbsbeiträgen reüssiert. Den Wettbewerb von 1992 hatte der damals 42-Jährige nicht zuletzt deshalb gewonnen, weil sein Projekt städtebauliche Qualitäten entwickelte, die ein Solitärgebäude nie hätte erreichen können. Der Architekt wollte den Komplex, mit rund 13 000 Quadratmetern Ausstellungsfläche fast doppelt so groß wie die Alte Pinakothek, diagonal erschließen und so augenfällig die im Entstehen begriffene Museumslandschaft mit der Innenstadt verbinden.

Wer dem Sog des Eingangs gefolgt ist und das Portal aus Glas hinter sich gelassen hat, betritt eine eigene Welt. Sogleich tut sich eine gewaltige Raum- und Lichtinszenierung auf. Ein Dutzend Säulen stemmen den Bau nach oben, formen eine zentrale Rotunde (Bild S. 15, Mittelseite). Hier läuft alles zusammen. Das Foyer bildet zugleich Ausgangspunkt und Schluss jedes

Schlanke Säulen, Flugdach und gläserne Kuben: Unterschiedliche Elemente verschmelzen zu einem harmonischen Ganzen.

Gangs durch dieses »Metamuseum«, verbindet die vier Sammlungen und gibt ihnen eine Mitte. Durch die Kuppel fällt Licht ein, stürzt hinab bis zum Untergeschoss und stimmt so ein auf die Kunstkuben der Oberlichtsäle. Denn das ganze Haus lebt vom Licht, sammelt es und breitet es ebenso verschwenderisch wieder aus.

Das Foyer verlangt Entscheidungen von den Museumsbesuchern: über die Treppe zwischen den beiden Rundwänden hinauf zur Staatsgalerie Moderner Kunst, ebenerdig zu den Ausstellungssälen des Architekturmuseums und der Graphischen Sammlung – oder hinab zu den Designobjekten der Neuen Sammlung? Die Besucher können aber auch einfach weitergehen und das Museum auf der Diagonale durchschreiten – vorbei an den großen Freitreppen hinüber zum Wintergarten – dem Museumscafé – und das Haus an seiner südlichen Seite verlassen.

Auf dem Weg von innen nach außen kehrt sich das Formvokabular um. Braunfels setzt auf komplementäre, sich in der Summe aufwiegende Eindrücke. Wieder drängt der Wintergarten spitz aus dem Gebäude, und die Säulen des Flugdachs tanzen (Titelbild).

Musik liegt in der Luft

»Lauter Ouvertüren«, schwärmte ein Besucher des noch leeren Baus im Frühjahr 2002 und verwies auf die prominenten Eingangssituationen, die Rotunde und die hundert Meter langen, sich beim Hinaufsteigen trichterförmig verbreiternden Freitreppen. Tatsächlich feiert die Architektur hier sich selbst, mit einer pompösen Fülle, die aus dem Minimum der Gestaltung entspringt, aus Kreis, Quadrat und Diagonale. Diese Fülle soll andererseits einstimmen auf das Kommende, das Eigentliche, die Kunst.

Blickachsen öffnen sich und Beziehungen tauchen auf, um im nächsten Schritt wieder neuen Eindrücken Platz zu machen. Wäre da nicht das geradezu harte, zumindest aber akkurate Achsmaß, die Fülle der Möglichkeiten würde jeden Besucher überfordern. Stephan Braunfels selbst spricht

Eine Komposition aus Sichtbeton, Glas und Stahl: Der Wintergarten mit seinem künftigen Café schieb sich spitz Richtung Innenstadt vor.

von einer gebauten Symphonie. Wie diese setzt er auf Motive, die er wiederholt, variiert und an anderer Stelle wieder neu zusammenführt. Ein Motiv bildet etwa die Diagonale, die quer durch das ganze Gebäude geht und es erschließt, ohne je direkt mit der Kunst in Berührung zu kommen.

Ein weiteres bildet die zentrale Rotunde, von der sternförmig Wege und Treppen alle Ebenen zusammenbinden. Schließlich kommt als drittes Motiv hinzu das Quadrat, Grundbestandteil der Ausstellungsarchitektur, der Säle. Durch Teilung entstehen neue Einheiten – Viertelquadrate und Rechtecke, eine Vielfalt an Variationen, die aber alle gebunden sind an die einmal geschaffene Form. Braunfels beschreibt sein Vorgehen als das eines Mathematikers, der stets klare Proportionen, Teilungen und Vielfache anstrebt, um die »Grundidee – Kreis, Quadrat und Diagonale, verdreifacht, vervierfacht – weiter auf den Punkt zu bringen.« Ein Programm, das Lust macht, es vor Ort zu überprüfen. Vom Maßstab kann sich schon im Erdgeschoss überzeugen, wer durch die Ausstellungssäle des Architekturmuseums geht, die mit reinem Nordlicht und quadratischen Fensterreihungen prädestiniert sind für die Präsentation von sensiblen Modellen und Zeichnungen. Ihr Rhythmus basiert auf je zwei Viertelkuben, die Braunfels zu einem Rechteck verschmolz. Ähnliches gilt für den reinen Kunstlichtsaal der Graphischen Sammlung und das Riesenquadrat des Wechselausstellungssaals, viermal beziehungsweise doppelt so groß wie die Räume des Architekturmuseums.

Aus den einzelnen Motiven wird ein polyphoner Raumklang im Foyer, wo Diagonale, Kreis und Quadrat direkt aufeinander treffen. Aus der Verschneidung und Überlagerung der einzelnen Elemente entstehen komplexe Raumfolgen. Mit jedem Schritt ändern sich die Perspektiven und Neues wächst aus Vertrautem. Die Rotunde selbst wirkt wie eine Skulptur, ein Negativraum, der aus dem Volumen der Pinakothek ausgeschnitten wurde. Besonders bei den beiden aufeinander bezogenen, gigantischen Treppenanlagen – barocke Pracht auf einfachster Basis – erzielt Braunfels dramatische Momente, wenn man im Aufsteigen gewahr wird, wie ein eigens dafür einge-

Fugenlos fließt der Terrazzo über die Freitreppe. Sie führt von der Neuen Sammlung (Design) zum Foyer.

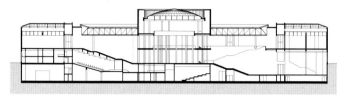

Schnitt durch die Pinakothek der Moderne.

stellter Kasten an der Decke das Licht hereinschaufelt und gegen die Wände spült, so dass ihr Weiß leuchtet und der feine Terrazzo des Bodens sich kontra-streich dagegen abhebt. Der Aufstieg zur Kunst – selten ist er in letzter Zeit so inszeniert worden wie in der Pinakothek der Moderne. Gleiches gilt für den Weg zum Design. Über die korrespondierende Freitreppe geht es hin-unter, zur Neuen Sammlung, die zunächst mit gewaltigen Lufträumen über ihren Exponaten aufwartet.

Der Gang durch die Geschichte der Gestaltung führt immer tiefer in das Gebäude selbst, bis er nach einigen Windungen in einen direkt unter der Rotunde gelegenen halbkreisförmigen Ausstellungssaal mündet, auf dessen abfallenden Stufen die Quintessenz des Stuhl-Designs im 20. Jahr-hundert zu finden sein wird. Tiefer hinab geht es nur noch in das Kabinett mit der Schmuck-Kollektion der Danner-Stiftung und zum gewaltigen Schau-Depot auf der anderen Seite des Rundgangs, der schließlich wieder im strah-lenden Hell der Rotunde mündet.

Ein Meer von Licht

Die Pinakothek der Moderne wartet mit opulenten, fast schon immateriell wirkenden Lichträumen auf. Möglich machte das die intensive Zusammen-arbeit mit Hanns Freymuth, dem Tageslichtplaner, der für viele Museums-neubauten der letzten Jahre verantwortlich zeichnet. Mit immensem Auf-wand richtete Braunfels 1:1-Modelle seiner Räume ein, um die komplexe Technik realistisch überprüfen und einschätzen zu können. Der Aufwand hat

Blick vom ersten Stock ins helle Herz der Pinakothek der Moderne.

sich gelohnt. Wer durch die Oberlichtsäle geht, sieht nichts als Kunst – Wände von gebrochenem Weiß in fast völlig gleichmäßiges Licht getaucht (Bilder S. 23, 25). Kein Kippschalter, keine Steckdose, kaum sichtbare Technik.

Alles hat der Architekt zu eliminieren versucht auf dem Weg zu seinem Kunstmuseum. Nichts, aber auch gar nichts darf den Kunstgenuss stören. Weder auf der Ausstellungsebene der Oberlichtsäle noch im Untergrund der Pinakothek der Moderne, wo das Design seinen Platz gefunden hat. So wie man zur bildenden Kunst hinansteigt, so geht es hier hinunter – über eine Freitreppe geradewegs auf eine riesige Ausstellungswand zu. Der Weg geht ums Eck, vorbei an den Themen der Produktgestaltung, des Kunsthandwerks und des Grafikdesigns zum Amphitheater der Stühle, direkt unterhalb des Foyers (Bild S. 21). Zu ihm schließt der Rundgang über eine gekurvte Treppe wieder auf, nicht ohne zuvor noch eine besondere Schatzkammer geöffnet zu haben: die Schmuckarbeiten der Danner-Stiftung. Denn alle Wege führen zurück zum Zentrum, zur großen Rotunde, die als einziges Element die gläsernen Oberlichter der Dachlandschaft überragt und ihren Platz anmeldet im Reigen der Pinakotheken.

Der Ort – mitten in München

Wer sich etwas Zeit nimmt für den Ort und die Pinakothek der Moderne zu Fuß umrundet, findet sich in einem beinahe amerikanisch anmutenden Städtebauraster wieder. Noch immer folgen die sich rechtwinklig kreuzenden Straßen dem »Generalplan für die Stadterweiterung am Max-Tor« von 1807. Dieser erste städtebauliche Wettbewerb in Deutschland forcierte die Bebauung zwischen dem Alten Botanischen Garten und dem Odeonsplatz. Immerhin vergingen fünf Jahre, bis 1812 der endgültige Entwurf verschiedene Ideen zusammenfasste (unter anderem Skells Vorstellung einer Gartenstadt, angereichert mit Karl von Fischers großräumiger Planung) und ein flexibles Straßenraster von 230 auf 190 Metern ausbreitete. Auf die Wohn- und Geschäftsbebauung hatte die Museumsplanung des 19. Jahrhunderts kaum Einfluss, wohl aber sprengten Gebäude wie die von 1824 bis 1836 erbaute – und nach dem Krieg durch Hans Döllgast kongenial wieder errichtete – Alte Pinakothek das Gefüge der Maxvorstadt. Sie füllte einen ganzen Block und wurde zum Anziehungspunkt ähnlich großer Ausstellungsbauten. Dazu gehören die Neue Pinakothek im Norden, deren Gründungsbau von 1853 im Jahre 1949 nach Kriegsbeschädigung abgetragen und 1981 nach Plänen von Brancas neu errichtet wurde, und die Betonfestungen der Uni-Institute im Norden. Nur das Gelände direkt gegenüber von Klenzes Alter Pinakothek blieb eine Brache.

Von der einstigen Türkenkaserne waren nach dem Krieg nur noch einige Grundmauern, versprengte Gebäudereste und mächtige Kastanien geblieben – ein Grundstück wie geschaffen für einen weiteren Museumsbau.

Lichtspiele in der zentralen Rotunde mit ihren zwölf Säulen.

Mittelseite:
Galerien und das radiale Oberlicht beleben das große Rund des Foyers.

Genau dieses Areal wollte der Wettbewerb um die Pinakothek der Moderne wieder in das Stadtraster einbetten. Doch wie das heterogene Umfeld zusammenfügen? Wie die verschiedenen Nutzungen – hier öffentlich, dort privat – versöhnen? Umlagert von Alter Pinakothek im Westen, Universitätsinstituten im Norden, Wohnbebauung nach Osten wie Süden sowie von der beschönigend als Altstadtring bezeichneten Stadtautobahn des Oskar-von-Miller-Rings und der Von-der-Tann-Straße – mussten die Architekten wohl oder übel Disparates zusammenzufügen. Gegenüber von Klenzes Alter Pinakothek boten sich große Möglichkeiten, aber es lauerten ebensolche Gefahren – ein Weg zwischen Skylla und Charybdis für jeden Stadtplaner.

Braunfels jedenfalls reagierte zur Freude der Preisrichter gleich zweifach – mit dem rechteckigen Baukörper des ersten Bauabschnitts, wie wir ihn heute sehen, der in erster Linie auf die Alte Pinakothek ausgerichtet ist und mit der Diagonale auf die Innenstadt zielt – und einem großen L, das sich im nächsten Bauabschnitt an der Gabelsberger- und Türkenstraße um das Betonrechteck legen wird. Mit seinen weichen, halbtransparenten Oberflächen, gleichsam einer flexiblen Haut, die auf die Wohnbebauung des Umfeldes reagiert, wird sich der Bau in seiner Architektursprache vom Bestehenden absetzen und den gegenwärtigen Stand der Ästhetik reflektieren. Der neue Baukörper schafft nicht nur Innenhöfe, wo jetzt noch Außenwände stehen, er verändert auch die Proportionen des Ganzen entscheidend – hin zu einem gedehnten Rechteck, das näher an die Blockkanten rückt und zur Stadt hin ein mächtiges Tor ausbildet, auf schlanken Säulen: eine Aufforderung, den »heiligen« Museumsbezirk zu betreten.

Der Architekt als Meister des Quadrats

Zwei Großbaustellen prägten die Arbeit von Stephan Braunfels im letzten Jahrzehnt: seit 1994 das im Band des Bundes gelegene Abgeordnetenhaus des Deutschen Bundestages (Paul-Löbe-Haus) in Berlin und bereits seit 1992 die Pinakothek der Moderne. Zehn Jahre Arbeit an zwei entgegengesetzten

Eine Lichtfuge läuft um die Wand der Rotunde. Blick vom ersten Stock aus.

Amphitheater direkt unter der Rotunde: Auf seinen Stufen werden die wichtigsten Stühle-Entwürfe des 20. Jahrhunderts Platz finden – als Teil der Neuen Sammlung.

Orten der Republik, in zwei Büros und an zwei komplexen Wettbewerbsprojekten.

Als Braunfels gegen internationale Konkurrenz den Zuschlag für die dritte Pinakothek erhielt, galt der 1950 in Überlingen geborene Baumeister, der in Florenz über Brunelleschi, Bramante und Alberti geforscht hatte, unter Eingeweihten als streitbarer Theoretiker. Braunfels hatte mit einer Reihe von unaufgeforderten Planspielen die Münchner Architekturdebatte angeheizt. Entsprechend überrascht, ja ablehnend fiel die Reaktion mancher Kollegen aus – was Braunfels' Position im Kampf um die extrem knappe Finanzierung der dritten Pinakothek nicht eben beförderte, wie sich der Architekt süffisant erinnert. Während aber der Achtzylinder des Paul-Löbe-Hauses neben dem Reichstag oder die Kasseler Gemäldegalerie auf Schloss Wilhelmshöhe vergleichsweise lautlos emporwuchsen, entzündete sich an den explodierenden

Wandleibung der Rotunde vom Untergeschoss aus gesehen.

Kosten, der Gestalt und scheinbaren Baumängeln des Münchner Prestige-projekts ein publizistischer Schlagabtausch. Immer mittendrin: der Architekt, Stephan Braunfels. Als »Rebell am Reißbrett« titulierte ihn der »Stern«, und nach der ersten Begehung des Hauses im März 2002 befand die »Welt« halb ironisch, halb respektvoll: der »Marathonmann«. Der lange Lauf gegen die Fallstricke der rigiden Kostendeckelung auf 121 Millionen Euro, wovon immerhin 15 Millionen aus privater Hand aufgebracht wurden, gegen Baumängel oder die Qualität des Sichtbetons scheint beendet, und angesichts des Gebäudes fragt man sich: Warum das Ganze? In Interviews wirkt Braunfels – streitbar wie je – geradezu gelöst, dass man den ungeheuren Kostendruck nicht sehe. Als das Haus schließlich stand, waren sich die Kritiker – cum grano salis – einig: Mitten in München war ein Ausstellungshaus der Oberklasse entstanden, das seinen Architekten in die erste Liga der bundesdeutschen Baumeister katapultieren würde.

Braunfels, der an der Münchner Technischen Universität studierte und zunächst noch mit einer Karriere als Pianist liebäugelte, nennt die Pinakothek der Moderne selbst eine gebaute Symphonie. Wie er dort verschiedene Themen – etwa Licht und Raumgefüge – entwickelte und ineinander verwob, so konstruktiv ging er an die Geschichte des Typus »Museum« heran.

Wer den Bau aufmerksam betrachtet, erkennt eine Synthese verschiedener Konzepte. Braunfels zitiert Zeitgeistiges und Überzeitliches – Schinkels Altes Museum in Berlin mit seiner zentralen Rotunde etwa – und macht keinen Hehl daraus, dass ihn das Bonner Kunstmuseum von Axel Schultes beeindruckt hat. Braunfels kombiniert dessen schlanke Stelzen mit einem frech auskragenden Flugdach und der quadratischen Strenge des architektonischen Rationalismus eines Kleihues oder Ungers.

Wie bei jenen Baumeistern üblich, brechen auch in Braunfels' Entwurf immer wieder Quadrate hervor, mal als sichtbare Gliederung der Fassade und ihrer Fensterfronten, mal als konstruktives Element im Grundriss des Museums. Aus dem Basisquadrat der Ausstellungsräume wächst durch

Alle Raumfluchten der Oberlichtsäle sind mit deckenhohen Durchgängen verbunden.

Verdopplung und Vervielfachung seiner Fläche eine Abfolge wechselnder Raumgrößen und -folgen.

Braunfels' »souveräne Synthese« kommt nicht von ungefähr. Schon in den Achtzigerjahren spielte der Münchner mit Mustern, um sie zu perfektionieren und Bestehendes zu verfeinern. Es habe immer prototypische Bauten in einer bestimmten Zeit gegeben, daran »ließe sich weiterarbeiten«. Wer sieht, welchen Aufwand Braunfels betrieb, um die sonst üblichen Details (Feuermelder, Feuerlöscher, Schilder und Alarmanlagen) unsichtbar zu machen und trotz des notwendigen technischen Inventars pure Räume anzubieten, mag vor solchem Willen zur Perfektion staunen. Er verweist jedenfalls auch auf den Kunstsammler Braunfels, auf den Liebhaber monochromer Arbeiten aus der amerikanischen Nachkriegsmoderne, die ihrerseits den perfekten Bildraum suchten. Perfektion findet Braunfels auch bei seinem direkten Gegenüber, dem Baumeister Hans Döllgast, dessen berühmtes Treppenhaus für die Alte Pinakothek »einer der hinreißendsten Räume« sei, »die je gebaut wurden.« Eine in jeder Hinsicht interessante Parallele – besonders vor dem Hintergrund der lang dauernden Querelen um seinen eigenen Neubau.

Ein Metamuseum entsteht

Münchens dritte Pinakothek betritt Neuland. Schon geistern neue Schlagworte durch den Raum. Vom »überdisziplinären Museum« ist die Rede oder vom »Metamuseum«. Man kann es auch anders ausdrücken. Das Haus probt eine »kunstgeschichtliche Kommune«, denn seine Besucher erhalten mit einem einzigen Ticket Zugang zu vier ganz unterschiedlichen Sammlungen: zur Staatsgalerie Moderner Kunst mit Werken von Joseph Beuys bis Andy Warhol, zum Architekturmuseum der TU München mit seinen rund 350 000 Zeichnungen und 100 000 Fotografien sowie 500 Modellen, zur Neuen Sammlung mit ihren rund 60 000 Objekten und zur Staatlichen Graphischen Sammlung, die rund 400 000 Blatt Drucke und Zeichnungen umfasst.

Am Schnittpunkt vierer Kunstboxen des Obergeschosses. Als dunkler Schatten zu erkennen: die Fuge zwischen Terrazzoboden und Wandfläche.

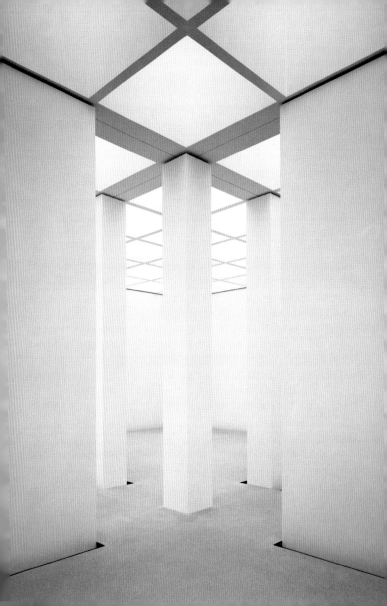

Das »Metamuseum« mit seinen vier Kollektionen rundet eine Museumslandschaft ab, wie sie in Deutschland nur noch Berlin bietet. Nordwestlich der Altstadt liegt eine einmalige Konzentration an Kunstsammlungen, eine regelrechte Museumsmeile, in Umfang und Qualität vergleichbar nur mit den großen Kollektionen der Berliner Museumsinsel und des Kulturforums am Potsdamer Platz. Wie dort öffnet sich ein riesiges Spektrum angewandter und freier Kunst zu einem Gang durch die Jahrtausende. Am Anfang steht die Antike (Glypothek und Staatliche Antikensammlung am Königsplatz), es folgen Zeugnisse vom Mittelalter bis zum Rokoko (Alte Pinakothek, Barer Straße). Danach kommen Klassizismus, Impressionismus und Expressionismus zu ihrem Recht (Neue Pinakothek, Barer Straße) sowie Meisterwerke der frühen Moderne (Lenbachhaus, Luisenstraße) und führen geradewegs zu den vielfältigen Strömungen des 20. Jahrhunderts (Pinakothek der Moderne). Eine Tour de Force also, die dem Besucher nicht nur Kondition abverlangt, sondern auch den Mut, Schwerpunkte zu setzen und einen eigenen Weg durch die Kunstgeschichte einzuschlagen.

Die Unvollendete

Es geht weiter. Die Pinakothek ist fertig, aber unvollendet.

Erst der zweite Bauabschnitt wird die erhoffte städtebauliche Situation vervollkommnen; als L-förmiger Winkel soll er sich um den bestehenden Bau legen. Wo jetzt noch Außenmauern stehen, werden sich Innenhöfe auftun und eine Gebäudekante wird den bestehenden Bauten an der Gabelsberger- und Türkenstraße antworten.

Noch völlig offen aber ist die Zukunft der Sammlung Brandhorst, die in einem eigenständigen Bau untergebracht werden und inhaltlich die Staatsgalerie Moderner Kunst ergänzen soll. Als Kandidaten der engsten Auswahl sind im Spiel Zaha Hadid, die Berliner Sauerbruch und Hutton, der Münchner Andreas Meck sowie das junge Büro Bär Stadelmann Stöcker (BSS Architekten) aus Nürnberg. Eine Entscheidung der überarbeiteten Siegerentwürfe ist für Oktober 2002 angekündigt.

Viel Raum für die Kunst: Werke von Max Beckmann und August Macke in den Oberlicht-sälen der Staatsgalerie Moderner Kunst.

Mit ihr – der vierten Pinakothek – rundet sich die Sammlung zur Kunst der Moderne. Und auch städtebaulich wird durch die Sammlung Brandhorst der notwendige zweite Bauabschnitt der Pinakothek der Moderne an der Nord-ostflanke – entlang der Türkenstraße – vollendet. Braunfels hatte das Haus als »das letzte große Museum des 20. Jahrhunderts« entworfen.

Was danach kommt, ist Zukunftsmusik.

Rückseite:
Der gewaltige Strahlenkranz des zentralen Oberlichts löst sich in mehrfacher Spiegelung auf.

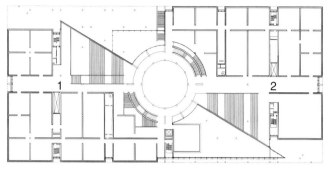

Obergeschoss: Staatsgalerie Moderner Kunst
1 Klassische Moderne
2 Gegenwartskunst

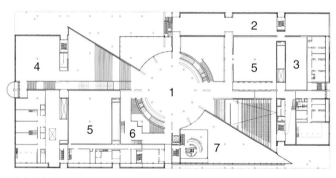

Erdgeschoss
1 Foyer
2 Architekturmuseum
3 Graphische Sammlung
4 Neue Sammlung
5 Wechselaustellung
6 Museumsladen
7 Cafeteria/Wintergarten

PERSONEN RUND UM DIE PINAKOTHEK

Architekt
Stephan Braunfels
Dipl. Ing. Architekt BDA
geb. 1950 in Überlingen/Bodensee
1970–75 Studium der Architektur an der
Technischen Universität München,
seit 1978 eigenes Büro in München
1994 Deutscher Kritikerpreis
1996 Architekturbüros Berlin eröffnet
Wichtige Bauten (Auswahl):
2001 – Paul-Löbe-Haus, Marie-Elisabeth-
Lüders-Haus (bis 2003),
Regierungsviertel Spreebogen/Berlin
(Architekturführer Bundesbauten Berlin)
2000 – Neugestaltung Museum Schloß
Wilhelmshöhe/Kassel
1997 – Büro und Geschäftsgebäude mit
Hotel, Rosa-Luxemburg-Platz/Dresden
1994 – Büro- und Geschäftshaus Richard-
Strauß-Straße/München
Kontakt:
Stephan Braunfels Architekten
Schackstraße 3, 80539 München
Tel/Fax: 089/29 07 08–0/-30
sba-muenchen@braunfels-architekten.de
Kochstraße 60, 10969 Berlin
Tel/Fax: 030/25 37 60–0/-50
sba-berlin@braunfels-architekten.de
website: www.braunfels-architekten.de

Entwurf und künstlerische Oberleitung:
Stephan Braunfels, Aika Schluchtmann
Projektleitung:
Gabriele Neidhardt, Sven Krüger
Mitarbeiter:
Dagmar Adams, Jutta Braun, Tanja
Freiberg, Inge Hager, Nina Höhne, Uwe
Koch, Alfons Lenz, Michaela Lind, Jürgen
Mrosko, Christian Müller, Michael
Poplawski, Ulrich Rumstadt, Silke Staab,
Reinhard Weiss, Matthias Wichmann
Innenarchitektur: Birgit Lange, Katharina
Leuthheußer, Maureen Schäffner
Planungssoftware
Allplan FT von Nemetschek, München

Bauherr: Freistaat Bayern
Projektleitung:
Staatliches Hochbauamt München I

Nutzer:
Bayerische Staatsgemäldesammlungen,
Die Neue Sammlung, Staatliche Graphi-
sche Sammlung, Architekturmuseum
Kontakt: info@pinakothek.de
Website: www.pinakothek-der-moderne.de
Infotelefon: 089-23 805 360
Shop: CEDON MuseumShops GmbH
Tel.: 089-28 808 448
www.cedon. de
Öffnungszeiten: Di–So 10–17,
Do/Fr 10–20 Uhr
Montags geschlossen

PLANUNGSBETEILIGTE FIRMEN
Tragwerksplanung
Seeberger, Friedl + Partner, München
WALTHER MORY MAIER
BAUINGENIEURE AG, Münchenstein
Prüfingenieur
Dr.-Ing. Diethelm Linse, München
Thermische Bauphysik
Prof. Dr. Ing. Waubke & Ing. (grad.)
Klessinger, Bonbruck

Fassadenplaner
R + R Fuchs INGENIEURBÜRO FÜR
FASSADENTECHNIK, München
Bau- und Raumakustik
Müller-BBM GmbH, Planegg bei München
Tageslichtplanung
Institut für Tageslichttechnik, Stuttgart
Kunstlichtplanung
Lichtdesign GmbH, Köln
Außenanlagen Gartenarchitektin Adelheid Schönborn, München
Informations- und Orientierungssystem
Büro für Gestaltung Wangler & Abele,
München
Objektüberwachung
ibb - Ingenieurbüro für Bauwesen
Prof. Burkhardt GmbH & Co., München
Sanitär und Sprinkler
Ingenieurbüro Landau, München
Heizung/Lüftung/Kälte
Stauber + Heimbach, München
Elektro- und Fördertechnik
bbs-project AG, Tiefenbach

<small>**Baubeteiligte Firmen**</small>
Trockenbau
DIG DEUTSCHE INNENAUSBAU GMBH,
Mülheim an der Ruhr
R&M Ausbau München GmbH, München
Sichtbetonfassade
Alpine Bau Deutschland GmbH, Eching
Metallfenster/Fassaden
Fenster Keller GmbH + Co. Fenster +
Fassaden KG., Neuenstein
Reflexionsflächen
Liederer + Partner GmbH, Niederneuching
Kunstlichtdecken
RIES-Akustik Trockenbau GmbH, Alerheim
**Glasdachkonstruktionen, Metall-Fassaden,
warmwasserbeheizt, Fenster- und Türanlagen
in Sonderkonstruktion (ET 1 und EF 1)**
Metallbau Filser und Söhne, Ismaning
**Lichtrasterdecken und Akustikwand
Vortragssaal**
Brandl Metallbau/Schlosserei, Eitensheim

Nachrichtentechnik
ASCON Elektronik GmbH, Planegg-
Martinsried
Beleuchtung
RATIO Licht Beleuchtungsplanungs- und
Liefergesellschaft mbH, Neubiberg
Audio- und Videotechnik
digitech GmbH, Patersdorf
Terrazzoarbeiten
Terrazzo Ranft GmbH, Baierbrunn
Aufzüge
ThyssenKrupp Aufzüge, Neuhausen a. d. F.
Verdunklung, Blendschutz
M+V Gesellschaft zur Projektierung,
Fertigung und Montage von Sonnenschutz-
systemen mbH, Brüggen
Verfugungsarbeiten
Schmid Bauabdichtungs-GmbH,
Grabenstetten
Türdrücker Modell 531
Vieler International GmbH + Co. KG,
Iserlohn
Schalter und Steckdosen aus Edelstahl
Gira Giersiepen GmbH & Co. KG,
Radevormwald
**Gebäudeautomation inkl. Lichtmanagement
und Service**
Johnson Controls JCI Regelungstechnik
GmbH, Essen/München

<small>**Zahlen und Fakten zur Pinakothek**</small>

Wettbewerb:	1992
Bauzeit:	1996–2002
Spatenstich:	09. 09. 1996
Richtfest:	16. 07. 1998
Eröffnung:	16. 09. 2002
Baukosten:	ca. 130 Mio. €
Bruttogeschossfläche:	33 284 m²
Baugrundstück:	26 477 m²
Bruttorauminhalt:	258 527 m³
Hauptnutzfläche:	20 105 m²